ໂຮງຮຽນ - shule	2
ການທ່ອງທ່ຽວ - usafiri	5
ຂົນສົ່ງ - usafiri	8
ເມືອງ - jiji	10
ພູມິປະເທດ - mazingira	14
ຮານອາຫານ - mgahawa	17
ຮູບເບັ້ມງາກເດັກ - dukakuu	20
ເຄື່ອງດື່ມ - vinywaji	22
ອາຫານ - chakula	23
ສວນ - shamba	27
ເຮືອນ - nyumba	31
ຫ້ອງຮັບແຂກ - sebuleni	33
ຫ້ອງຄົວ - jikoni	35
ຫ້ອງນ້ຳ - bafu	38
ຫ້ອງພັກສຳລັບເດັກນ້ອຍ - chumba ya mtoto	42
ເສື້ອຜ້າ - nguo	44
ຫ້ອງການ - ofisi	49
ຄວາມປະຢັດ - uchumi	51
ອາຊີບ - kazi	53
ເຄື່ອງມື - zana	56
ເຄື່ອງດົນຕີ - ala za muziki	57
ສວນສັດ - bustani ya wanyama	59
ກິລາ - michezo	62
ກິດຈະກຳ - shughuli	63
ຄອບຄົວ - familia	67
ຮ່າງກາຍ - mwili	68
ໂຮງໝໍ - hospitali	72
ສຸກເສີນ - dharura	76
ໂລກ - dunia	77
ໂມງ - saa	79
ອາທິດ - wiki	80
ປີ - mwaka	81
ຮູບຮ່າງ - maumbo	83
ສີ - rangi	84
ກົງກັນຂ້າມ - kinyume	85
ຕົວເລກ / ຈຳນວນ - nambari	88
ພາສາ - lugha	90
ໃຜ / ແມ່ນຫຍັງ / ແນວໃດ - ambao / nini / jinsi	91
ຢູ່ໃສ - wapi	92

Impressum
Verlag: BABADADA GmbH, Nedderfeld 112 , 22529 Hamburg
Geschäftsführer / Verlagsleitung: Harald Hof
Druck: Books on Demand GmbH, In de Tarpen 42, 22848 Norderstedt

Imprint
Publisher: BABADADA GmbH, Nedderfeld 112 , 22529 Hamburg, Germany
Managing Director / Publishing direction: Harald Hof
Print: Books on Demand GmbH, In de Tarpen 42, 22848 Norderstedt, Germany

ໂຮງຮຽນ / shule

- ທາງ / gawa
- ກະດານ / ubao
- ຫ້ອງຮຽນ / sajili
- ເດີ່ນໂຮງຮຽນ / eneo la shule
- ຄູສອນ / mwalimu
- ເຈ້ຍ / karatasi
- ຂຽນ / kuandika
- ປາກກາ / kalamu
- ໂຕະເຮັດວຽກ / dawati
- ໄມ້ບັນທັດ / straightedge
- ໜັງສື / kitabu
- ນັກຮຽນ / mwanafunzi

ກະເປົາໃສ່ປື້ມທີ່ມີສາຍພາຍ
mkoba

ກັບສໍດຳ
kikasha cha penseli

ສໍດຳ
penseli

ເຄື່ອງເຫຼົາສໍ
kichonga penseli

ຢາງລົບ
mpira

ສະໝຸດແຕ້ມຮູບ
pedi ya kuchora

ໂຮງຮຽນ - shule

 ພາບວາດ kuchora	 ແປງທາສີ brashi ya rangi	 ກ່ອງສີ kikasha cha rangi
 ມິດຕັດ mkasi	 ກາວ gundi	 ປື້ມເຝິກຫັດ daftari
 ວຽກບ້ານ kazi ya nyumbani	 ຕົວເລກ nambari	ບວກ jumlisha
 ລົບ ondoa	 ຄູນ zidisha	 ຄິດໄລ່ kokotoa
 ຕົວອັກສອນ barua	 ພະຍັນຊະນະ alfabeti	 ຄຳສັບ neno

ໂຮງຮຽນ - shule

ຂໍ້ຄວາມ
maandishi

ອ່ານ
kusoma

ສໍຂາວ
chaki

ບົດຮຽນ
somo

ສົງທະບຽນ
sajili

ການສອບເສັງ
uchunguzi

ໃບຍັ້ງຢືນ
cheti

ຊຸດມັກຮຽນ
sare za shule

ການສຶກສາ
elimu

ປຶ້ມຮວບຮວມຄວາມຮູ້ສາລະພັດ
elezo

ມະຫາວິທະຍາໄລ
chuo kikuu

ກ້ອງຈຸລະທັດ
darubini

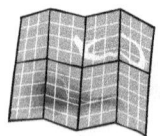
ແຜນທີ່
ramani

ກະຕ່າໃສ່ເສດເຈ້ຍ
kikapu cha kuweka karatasi chafu

ໂຮງຮຽນ - shule

ການທ່ອງທ່ຽວ
usafiri

ໂຮງແຮມ
hoteli

ໂຮສເທລ
hosteli

ຫ້ອງແລກປ່ຽນເງິນຕາ
ofisi ya ubadilishanaji

ກະເປົາເດີນທາງ
sanduku

ລົດຍົນ
gari

ພາສາ
lugha

ແມ່ນ / ບໍ່ແມ່ນ
ndiyo / la

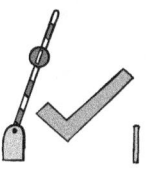

ຕົກລົງ
sawa

ສະບາຍດີ
hujambo

ນັກແປພາສາ
mtafsiri

ຂອບໃຈ
Asante

ການທ່ອງທ່ຽວ - usafiri

 ລາຄາເທົ່າໃດ...? kiasi gani ni ...?	 ຂ້ອຍບໍ່ເຂົ້າໃຈ Sielewi	 ບັນຫາ tatizo
 ສະບາຍດີຕອນແລງ! Jioni njema!	 ສະບາຍດີຕອນເຊົ້າ! Habari za asubuhi!	 ລາຕີສະຫວັດ Usiku mwema!
 ລາກ່ອນ kwa heri	 ທິດທາງ mwelekeo	 ກະເປົ໋າເດີນທາງ mizigo
 ກະເປົ໋າ mfuko	 ກະເປົ໋າພາຍຫຼັງ mkoba wa mgononi	 ແຂກ mgeni
 ຫ້ອງ chumba	 ຖົງໃສ່ເຄື່ອງນອນ begi la kulalia	 ເຕັ້ນ hema

ການທ່ອງທ່ຽວ - usafiri

ຂໍ້ມູນນັກທ່ອງທ່ຽວ
taarifa ya utalii

ຊາຍຫາດ
ufuo

ບັດເຄຣດິດ
kadi

ອາຫານເຊົ້າ
kifunguakinywa

ອາຫານທ່ຽງ
chakula cha mchana

ອາຫານແລງ
chakula cha jioni

ປີ້
tiketi

ລິບ
kuinua

ສະແຕມ
muhuri

ພົມແດນ
mpaka

ພາສີ
mila

ສະຖານທູດ
ubalozi

ວິຊາ
visa

ຫັງສືຜ່ານແດນ
pasipoti

ການທ່ອງທ່ຽວ - usafiri

ຂົນສົ່ງ
usafiri

ເຮືອບິນ / ndege

ກຳປັ່ນ / meli

ລົດດັບເພີງ / injini ya moto

ລົດບັນທຸກ / lori

ລົດເມ / basi

ເຮືອຈັກ / motaboti

ລົດຍົນ / gari

ລົດຖີບ / baiskeli

ເຮືອຂ້າມຟາກ
feri

ເຮືອ
mashua

ລົດຈັກ
pikipiki

ລົດຕຳຫຼວດ
gari la polisi

ລົດແຂ່ງ
gari la mashindano

ລົດເຊົ່າ
gari la kukodisha

ຂົນສົ່ງ - usafiri

ການແບ່ງປັນກັບໃຊ້ລົດ
kushiriki gari

ລົດລາກ
lori la kuvuta

ລົດຂົນຂີ້ເຫຍື້ອ
ukusanyaji taka

ເຄື່ອງຍົນ
motor

ເຊື້ອໄຟ
mafuta

ປັ້ມນ້ຳມັນ
kituo cha mafuta

ປ້າຍຈາລະຈອນ
ishara trafiki

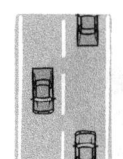

ການຈາລະຈອນ
trafiki

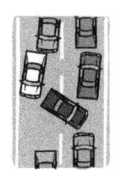

ການຈາລະຈອນຕິດຂັດ
msongamano

ບ່ອນຈອດລົດ
maegesho

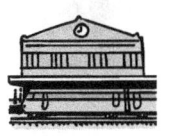

ສະຖານີລົດໄຟ
kituo cha treni

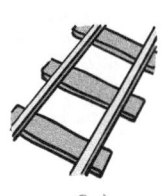

ລາງລົດໄຟ
reli

ລົດໄຟ
garimoshi

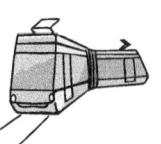

ລົດລາງ
tremu

ຕູ້ລົດໄຟ
gari la mizigo

ຂົນສົ່ງ - usafiri

ເຮລິຄອບເຕີ
helikopta

ສະໜາມບິນ
uwanja wa ndege

ຫໍຄອຍ
mnara

ຜູ້ໂດຍສານ
abiria

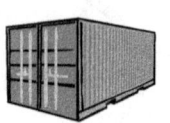
ຕູ້ບັນຈຸສິນຄ້າ
chombo

ກ່ອງເຈ້ຍ
katoni

ກວຽນ
mkokoteni

ກະຕ່າ
kikapu

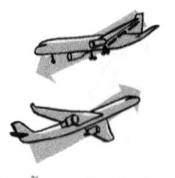
ເຮືອບິນຂຶ້ນ / ເຮືອບິນລົງຈອດ
kuchukua mbali / nchi

ເມືອງ
jiji

ບ້ານ
kijiji

ໃຈກາງເມືອງ
katikati ya jiji

ເຮືອນ
nyumba

ໂຮງລະຄອນ
sinema

ໂຄສະນາ
tangazo

ໄຟຖະໜົນ
taa za mitaani

ຖະໜົນ
barabara

ແທັກຊີ້
teksi

ຮ້ານຂາຍເຂົ້າໜົມ
duka la vitafunio

ທາງຍ່າງ
njia ya waenda kwa miguu

ຄົນຍ່າງຕາມທາງ
watu wanaotembea k

ບ່ອນຂ້າມທາງ
kuvuka

ທາງມ້າລາຍ
kivuko

ຖັງຂີ້ເຫຍື້ອ
pipa

ໄຟຈາລະຈອນ
taa za barabarani

ຕູບ
kibanda

ແຟລດ
gorofa

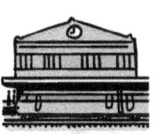

ສະຖານີລົດໄຟ
kituo cha treni

ໂຮງການເມືອງ
ukumbi wa mji

ຫໍພິພິດຕະພັນ
Makavazi

ໂຮງຮຽນ
shule

ເມືອງ - jiji

ມະຫາວິທະຍາໄລ
chuo kikuu

ທະນາຄານ
benki

ໂຮງໝໍ
hospitali

ໂຮງແຮມ
hoteli

ຮ້ານຂາຍຢາ
maduka ya dawa

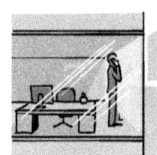

ຫ້ອງການ
ofisi

ຮ້ານຂາຍໜັງສື
kitabu duka

ຮ້ານຄ້າ
duka

ຮ້ານຂາຍດອກໄມ້
duka la maua

ຊູບເປີມາກເກັດ
dukakuu

ຕະຫຼາດ
soko

ຫ້າງສັບພະສິນຄ້າ
idara ya kuhifadhi

ຮ້ານຂາຍປາ
mwuza samaki

ສູນການຄ້າ
kituo cha ununuzi

ທ່າເຮືອ
bandari

ເມືອງ - jiji

ສວນສາທາລະນະ
Hifadhi

ແປ້ນມ້າ
benki

ຂົວ
daraja

ຂັ້ນໃດ
vidato

ລິດໄຟໃຕ້ດິນ
chini ya ardhi

ອຸໂມງ
handaki

ປ້າຍລົດເມ
kituo cha mabasi

ຮ້ານຂາຍເຫຼົ້າ
bar

ຮ້ານອາຫານ
mgahawa

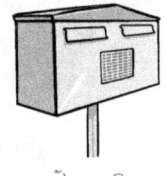
ຕູ້ໄປສະນີ
sanduku la posta

ປ້າຍຊື່ຖະໜົນ
ishara ya barabara

ມິເຕີເກັບຄ່າຜ່ານລົດ
mita ya maegesho

ສວນສັດ
bustani ya wanyama

ສະລອຍນ້ຳ
kidimbwi cha kuogelea

ວັດມຸດສະລິມ
msikiti

ເມືອງ - jiji

ຟາມ
shamba

ມົນລະພິດ
uchafuzi

ສຸສານ
makaburini

ໂບດ
kanisa

ເດີ່ນຫຼິ້ນຂອງເດັກນ້ອຍ
uwanja wa michezo

ອັດມຸດສະລິມ
hekalu

ພູມິປະເທດ
mazingira

ໃບໄມ້
jani

ປ້າຍບອກທາງ
ishara ya mwelekeo

ທາງ
njia

ທົ່ງຫຍ້າ
malisho

ກ້ອນຫີນ
jiwe

ຕົ້ນໄມ້
mti

ນັກເດີນທາງໄກດອຍການຍາງ
mtembeaji wa masafa

ແມ່ນ້ຳ
mto

ຫຍ້າ
nyasi

ດອກໄມ້
ua

ພູມິປະເທດ - mazingira

 ຮ່ອມພູ bonde	 ເນີນເຂົາ kilima	 ທະເລສາບ ziwa
 ປ່າ msitu	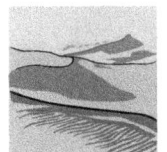 ທະເລຊາຍ jangwa	 ພູເຂົາໄຟ volkano
 ທຳປະສາດ ngome	 ຮຸ້ງກິນນ້ຳ upinde wa mvua	 ເຫັດ uyoga
 ຕົ້ນປາມ mtende	 ຍຸງ mbu	 ແມງວັນ kuruka
 ມົດ chungu	 ເຜິ້ງ nyuki	 ແມງມຸມ buibui

ພູມິປະເທດ - mazingira

ແມງປິກແຂງ
mende

ກົບ
frog

ກະຮອກ
kuchakuro

ເໝັ້ນ
nungunungu

ກະຕ່າຍປ່າ
sungura

ນົກເຄົ້າ
bundi

ນົກ
ndege

ຫົງ
mumbi

ໝູປ່າຕົວຜູ້
boar

ກວາງ
kulungu

ກວາງໃຫຍ່
aina ya kongoni

ເຂື່ອນ
bwawa

ຫມາກປິ່ນ
tabo ya upepo

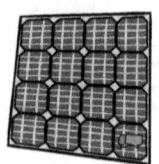
ແຜງໃຊລາເຊລ
nishaji ya jua

ສະພາບອາກາດ
hali ya hewa

ພູມິປະເທດ - mazingira

ຮ້ານອາຫານ
mgahawa

ຄົນເສີບຂາຍ — mhudumu
ລາຍການອາຫານ — menyu
ຕັ່ງນັ່ງ — kiti
ພິສຊາ — piza
ຊຸບ — supu
ຜ້າປູໂຕະ — kitambaa cha mezani
ເຄື່ອງໃຊ້ເທິງໂຕະອາຫານ — vilia

ອາຫານເລີ່ມຕົ້ນ
kiamsha hamu

ອາຫານຈານຫຼັກ
kozi kuu

ຂອງຫວານ
kitindamlo

ເຄື່ອງດື່ມ
vinywaji

ອາຫານ
chakula

ຂວດແກ້ວ
chupa

ຮ້ານອາຫານ - mgahawa

ອາຫານຈານດ່ວນ
chakula cha haraka

ຮ້ານຂາຍທາງ
Streetfood

ເຕົ້ານ້ຳຊາ
buli

ຖ້ວຍນ້ຳຕານ
kisanduku cha sukari

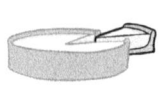
ສ່ວນແບ່ງອາຫານສຳລັບຜູ້ງຄົນ
sehemu

ເຄື່ອງຊົງກາເຟເອສເປຣສໄຊ
mashine Espresso

ເກົ້າອີ້ສູງ
kiti kirefu

ໃບເກັບເງິນ
muswada

ຖາດ
sinia

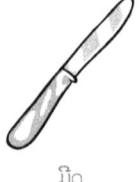
ມີດ
kisu

ສ້ອມ
uma

ບ່ວງ
kijiko

ຊ້ອນຊາ
kijiko cha chai

ຜ້າເຊັດປາກຢູ່ໂຕະອາຫານ
nepi

ຈອກແກ້ວ
glasi

ຮ້ານອາຫານ - mgahawa

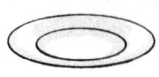
จาน
sahani

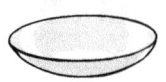
จานสุบ
sahani ya supu

จานธอງ
kisahani

ຂອສ
mchuzi

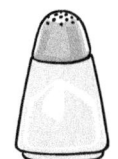
กะปุกเกือ
kichanyaji chumvi

กะปุกพิกไท
kinu cha pilipili

ນ້ຳສົ້ມສາຍຊູ
siki

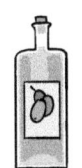
ນ້ຳມັນພືດ
mafuta

เคื่อງເທດ
viungo

ຂອສໝາກເດັ່ນ
kechapu

ຜັກຈຳພວກຜັກກາດ
haradali

มายอมเบส
kachumbari nzito

ຊຸບເປີມາກເຫັດ
dukakuu

ຂໍ້ສະເໜີພິເສດ
ofa maalum

ລູກຄ້າ
mteja

ຜະລິດຕະພັນທີ່ເຮັດຈາກນົມ
maziwa

ໝາກໄມ້
matunda

ລົດຊຸກ
toroli

ຮ້ານຂາຍຊີ້ນ
mchinjaji

ຮ້ານຂາຍເຂົ້າຈີ່ໜົມປັງ
mwokaji

ຊັ່ງນ້ຳໜັກ
kupima

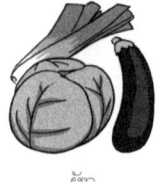

ຜັກ
mboga

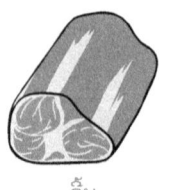

ຊີ້ນ
nyama

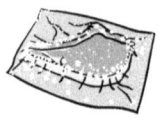

ອາຫານແຊ່ແຂງ
chakula waliohifadhiwa

ຊຸບເປີມາກເຫັດ - dukakuu

ຊີ້ນເຢັນ
bande vya nyama baridi

ອາຫານກະປ໋ອງ
chakula cha kopo

ແຟ່ບຊັກເຄື່ອງ
sabuni ya unga

ເຂົ້າໜົມຫວານ
pipi

ຜະລິດຕະພັນໃນຄົວເຮືອນ
bidhaa za kaya

ຜະລິດຕະພັນທຳຄວາມສະອາດ
bidhaa za kusafisha

ພະນັກງານຂາຍຍົງ
mtu mauzo

ເຄື່ອງຄິດເງິນ
mpaka

ພະນັກງານເກັບເງິນ
keshia

ລາຍການຊື້ເຄື່ອງ
orodha ya manunuzi

ເວລາເປີດເຮັດວຽກ
saa za ufunguzi

ກະເປົາເງິນ
mkoba

ບັດເຄຣດິດ
kadi

ຖົງ
mfuko

ຖົງຢາງ
mfuko wa plastiki

ເຄື່ອງດື່ມ
vinywaji

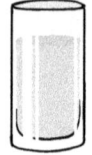
ນ້ຳ
maji

ນ້ຳໝາກໄມ້
sharubati

ນົມ
maziwa

ໂຄກ
coke

ວາຍ
mvinyo

ເບຍ
bia

ເຫຼົ້າ
pombe

ໂກໂກ້
kakao

ຊາ
chai

ກາເຟ
kahawa

ເອສເປຣສໂຊ
spreso

ຄາປູຊິໂນ
kapuchino

ອາຫານ
chakula

ໝາກກ້ວຍ
banana

ແອັບເປິ້ນ
tufaha

ໝາກກ້ຽງ
machungwa

ໝາກໂມ
tikiti

ໝາກນາວ
lemon

ທົວກະຣົດ
karoti

ຜັກຫອມ
vitunguu

ຕົ້ນໄຜ່
mianzi

ຫອມບົ່ວ
kitunguu

ເຫັດ
uyoga

ຖົ່ວ
karanga

ເສັ້ນໝີ່
nudo

ສະປາແກັດຕີ້
spageti

ເຂົ້າ
mchele

ສະຫຼັດ
saladi

ມັນຝລັ່ງທອດ
vibanzi

ມັນຝລັ່ງທອດ
viazi vya kukaanga

ພິສຊາ
piza

ແຮມເບີເກີ້
hambaga

ແຊນວິດຈ໌
sandwichi

ຊີ້ນຕິດກະດູກ
kipande

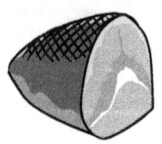

ແຮມ
paja la mnyama

ໄສ້ກອກແຫ້ງຊາລາມິ
salami

ໄສ້ກອກ
soseji

ໄກ່
kuku

ຍ້າງ
choma

ປາ
samaki

24   ອາຫານ - chakula

ເຂົ້າປຸກເຂົ້າໂອດ
uji shayiri

ອາຫານຊະນິດເປັນເມັດກອບ
muesli

ເຂົ້າຢວເປັນປ່ຽງນ້ອຍໆ
cornflakes

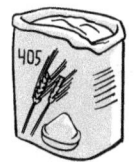
ເຂົ້າແປ້ງ
unga

ເຂົ້າຈີ່ຊະນິດທີ່ງມີຮູບເດືອນເຄິ່ງຫວອຍ
kroisanti

ເຂົ້າໜົມປັງແບບມ້ວນ
andazi

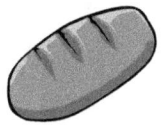
ເຂົ້າໜົມປັງ
mkate

ເຂົ້າໜົມປັງປີ້ງ
mkate wa kubanika

ເຂົ້າໜົມປັງຊະນິດກ້ອນນ້ອຍ
biskuti

ເບີຍ
siagi

ນ້ຳນົມແຂ້ນ
maziwa mgando

ເຄກ
keki

ໄຂ່
yai

ໄຂ່ດາວ
yai kukaanga

ເບີຍແຂງ
jibini

ອາຫານ - chakula

ກະແລ້ມ
aiskrimu

ນ້ຳຕານ
sukari

ນ້ຳເຜິ້ງ
asali

ແຍມ
jemu

ຊ້ອກໂກແລັດຄຣີມສະເປຣດ
malai ya asali

ກະລີ່
curry

ອາຫານ - chakula

ຟາມ
shamba

ເຮືອນໃນຟາມ
nyumba ya kilimo

ສາງທີ່ໃຊ້ເປັນບ່ອນໄວ້ເຜື່ອງເຂົ້າໃນຟາມ
ghalani

ມັດເຟືອງ
majani bale

ທົ່ງນາ
uwanja

ມ້າ
farasi

ລົດພ່ວງ
tela

ລູກມ້າ
mtoto

ລົດແທັກເຕີ້
trekta

ລາ
punda

ແກະ
kondoo

ລູກແກະ
mwanakondoo

ແບ້
mbuzi

ງົວຕົວແມ່
ng'ombe

ລູກງົວ
ndama

ໝູ
nguruwe

ລູກໝູ
mwananguruwe

ງົວຕົວຜູ້
fahali

ຟາມ - shamba

ຫ່ານ
batabukini

ເປັດ
bata

ລູກໄກ່
kifaranga

ແມ່ໄກ່
kuku

ໄກ່ຜູ້
jogoo

ຫນູ
panya

ແມວ
paka

ຫນູ
panya

ວົວຕົວຜູ້
ng'ombe

ຫມາ
mbwa

ຄອກຫມາ
nyumba ya mbwa

ສາຍທໍ່ຢາງທີ່ໃຊ້ໃນສວນ
bomba la bustani

ຂໍຣົດຕົ້ນໄມ້
debe la kumwagilia maji

ກ່ຽວດ້າມຍາວ
scythe

ຄັນໄຖ
plau

ຟາມ - shamba

ກ່ຽວ / mundu

ຈົກ / jembe

ຄາດ / uma wa nyasi

ຂວານ / shoka

ລົດຍູ້ລໍ້ດຽວ / toroli

ທາງລົມ / kupitia nyimbo

ປ່ອງນົມ / chombo cha maziwa

ກະສອບ / gunia

ຮົ້ວ / ua

ຄອກມ້າ / imara

ເຮືອນກະຈົກ / chafu

ດິນ / udongo

ແກ່ນ / mbegu

ປຸ໋ຍ / mbolea

ເຄື່ອງກ່ຽວເຂົ້າ / kivunaji

ຟາມ - shamba

ເກັບກ່ຽວ
mavuno

ການເກັບກ່ຽວ
mavuno

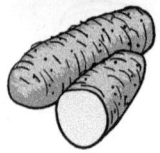
ເຜືອກ
viazi vikuu

ເຂົ້າສາລີ
ngano

ຖົ່ວເຫຼືອງ
soya

ມັນຝຣັ່ງ
viazi

ເຂົ້າໂພດ
mahindi

ດອກເຣພຊີດ
rapa

ຕົ້ນໄມ້ທີ່ອອກໝາກ
mti wa matunda

ມັນຕົ້ນ
muhogo

ພືດຊະນິດເມັດ
nafaka

ຟາມ - shamba

ເຮືອນ
nyumba

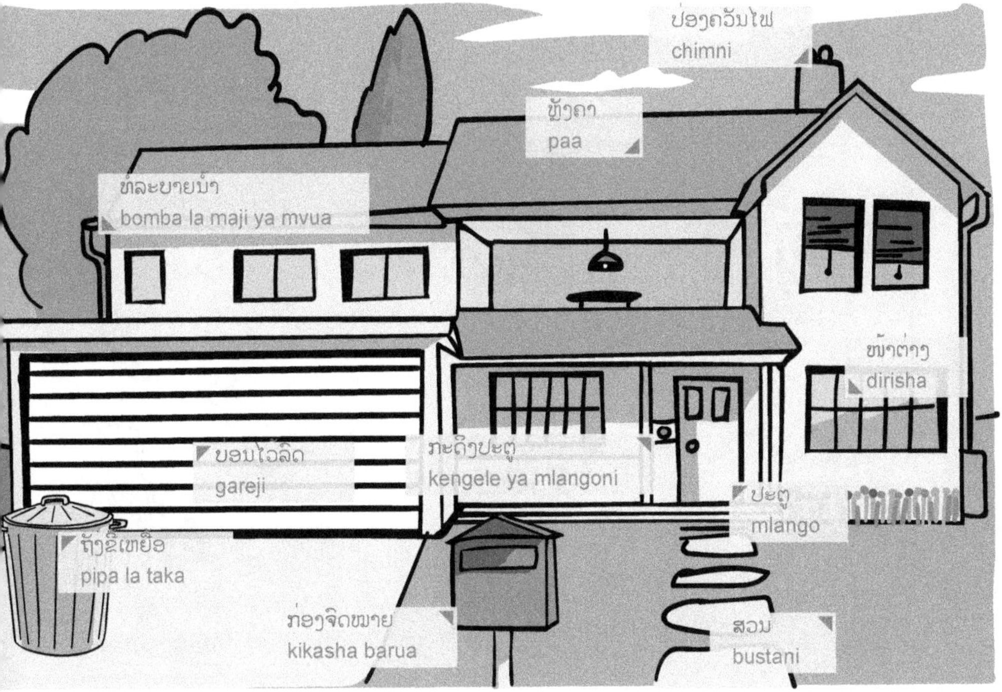

ປ່ອງອັມໄຟ / chimni

ຂ້າງຄາ / paa

ທໍລະບາຍນ້ຳ / bomba la maji ya mvua

ຫນ້າຕ່າງ / dirisha

ຍອມໄວລິດ / gareji

ກະດິ່ງປະຕູ / kengele ya mlangoni

ປະຕູ / mlango

ຖັງຂີ້ເຫຍື້ອ / pipa la taka

ກ່ອງຈົດຫມາຍ / kikasha barua

ສວນ / bustani

ຫ້ອງຮັບແຂກ
sebuleni

ຫ້ອງນ້ຳ
bafu

ຫ້ອງຄົວ
jikoni

ຫ້ອງນອນ
chumba cha kulala

ຫ້ອງພັກສຳລັບເດັກນ້ອຍ
chumba ya mtoto

ຫ້ອງອາຫານ
chumba cha kulia

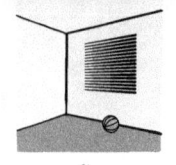
ພື້ນ
sakafu

ຝາຜະໜັງ
ukuta

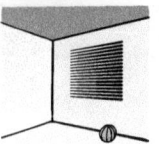
ເພດານ
dari

ຫ້ອງເກັບເຄື່ອງໃຕ້ດິນ
pishi

ຫ້ອງອົບອາຍນ້ຳ
sauna

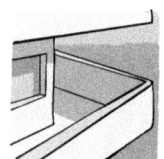
ລະບຽງ
roshani

ຊັ້ນຕາກຂ້າງພູ
mtaro

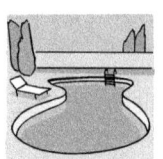
ສະລອຍນ້ຳ
kidimbwi

ເຄື່ອງຕັດຫຍ້າ
mashine ya kukata nyasi

ຜ້າປູບ່ອນນອນ
karatasi

ຜ້າປູຕຽງ
kitambaa cha kupamba kitanda

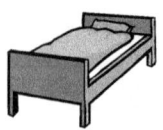
ຕຽງ
kitanda

ຟອຍ
ufagio

ຖຸ
ndoo

ສະວິດ
kubadili

ເຮືອນ - nyumba

ຫ້ອງຮັບແຂກ
sebuleni

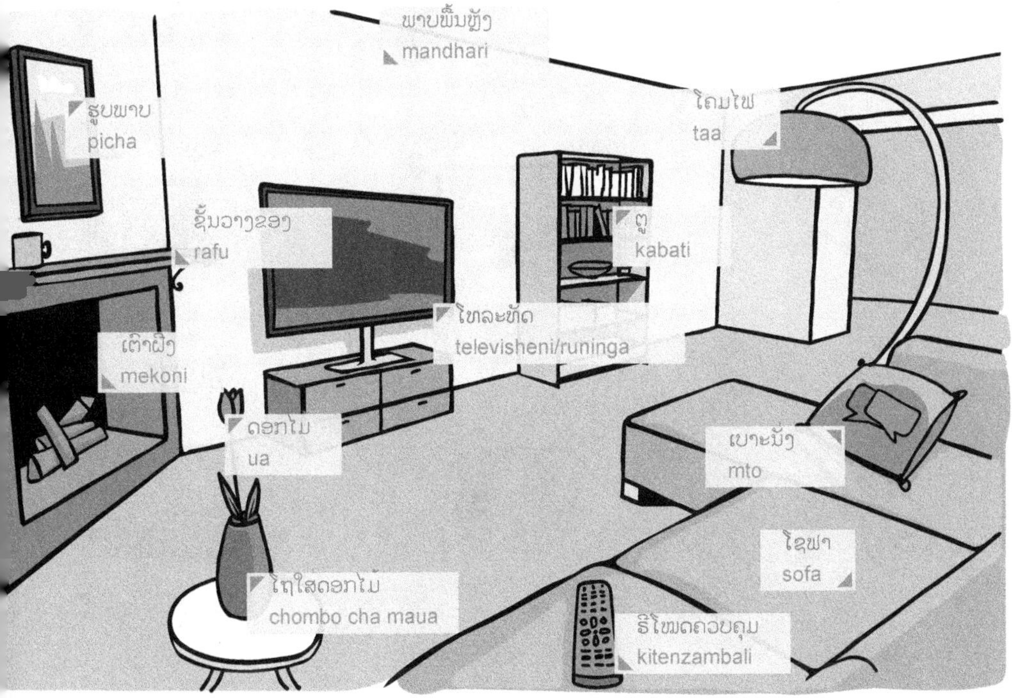

- ພາບພື້ນຫຼັງ / mandhari
- ຮູບພາບ / picha
- ໂຄມໄຟ / taa
- ຊັ້ນວາງຂອງ / rafu
- ຕູ້ / kabati
- ເຕົາຜີງ / mekoni
- ໂທລະທັດ / televisheni/runinga
- ດອກໄມ້ / ua
- ເບາະນັ່ງ / mto
- ໂຊຟາ / sofa
- ໄຖໃສ່ດອກໄມ້ / chombo cha maua
- ຣີໂມດຄວບຄຸມ / kitenzambali

ພົມປູພື້ນ
zulia

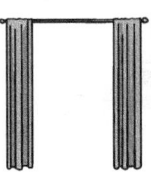

ຜ້າກັ້ງ
pazia

ໂຕະ
meza

ຕັ່ງນັ່ງ
kiti

ຕັ່ງນັ່ງແບບໂຍກໄດ້
kiti cha bembea

ຕັ່ງນັ່ງທີ່ມີບ່ອນວາງແຂນ
armchair

ຫ້ອງຮັບແຂກ - sebuleni

ຫັງສື
kitabu

ຜ້າຫົ່ມ
blanketi

ຂອງຕິກແຕ່ງ
mapambo

ຟືນ
kuni

ຮູບເງົາ
filamu

ເຄື່ອງສຽງລະບົບໄຮໄຟ
hi-fi

ກະແຈ
ufunguo

ຫັງສືພິມ
gazeti

ການແຕ້ມຮູບ
picha

ໂປສເຕີ
bango

ວິທະຍຸ
redio

ແຜນບັນທຶກ
daftari

ເຄື່ອງດູດຝຸ່ນ
kifyonza

ຕົ້ນກະບອງເພັດ
dungusi kakati

ທຽນໄຂ
mshumaa

34 ຂໍ້ອງຮັບແຂກ - sebuleni

ທ້ອງຄົວ
jikoni

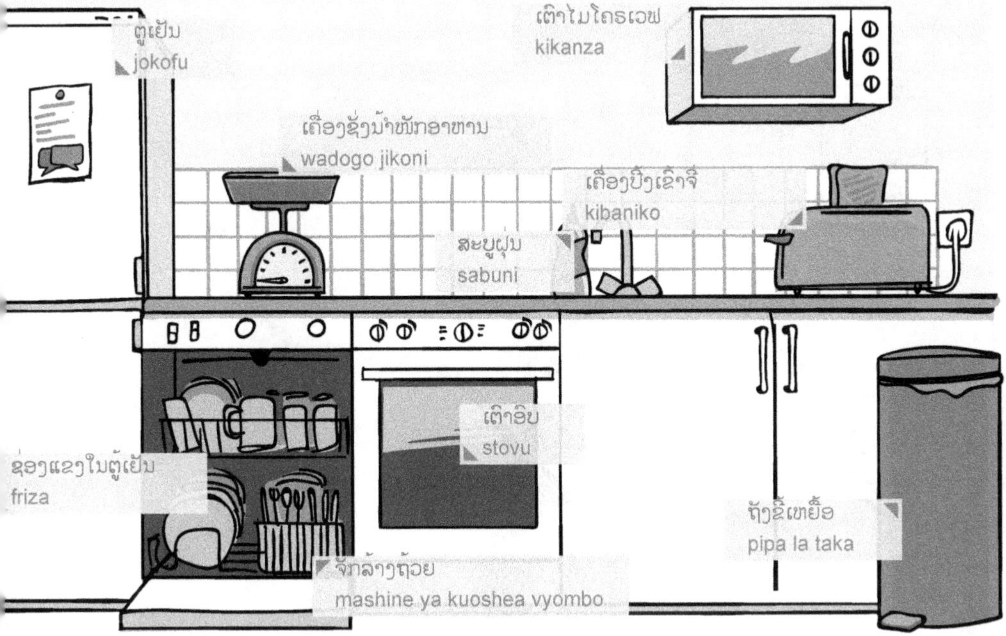

ຕູ້ເຢັນ - jokofu
ເຕົາໄມໂຄຣເວຟ - kikanza
ເຄື່ອງຊັ່ງນ້ຳໝັກອາຫານ - wadogo jikoni
ເຄື່ອງປີ້ງເຂົ້າຈີ່ - kibaniko
ສະບູຟອງ - sabuni
ຂອງແຊງໃນຕູ້ເຢັນ - friza
ເຕົາອົບ - stovu
ຖັງຂີ້ເຫຍື້ອ - pipa la taka
ຈັກລ້າງຖ້ວຍ - mashine ya kuoshea vyombo

ໜ້າເຕົາ
jiko la kupika

ໝໍ້
chungu

ໝໍ້ເຫຼັກຫຍ້າ
sufuria ya chuma

ໝໍ້ກະທະຈີນ
wok / kadai

ໝໍ່ກະທະກົ້ນແບນ
kaango

ກາຕົ້ມນ້ຳ
birika

ຫໍ້ໄອນ້ຳ
stima

ຖາດອົບ
sinia ya kuoka

ເຄື່ອງຖ້ວຍຊາມ
vyombo vya udongo

ຈອກທີມ
kombe

ຖ້ວຍ
bakuli

ໄມ້ທູ່
vijiti vya kulia

ຈອງດ້າມຍາວ
ukawa

ຕະຫຼິວ
mwiko mpana

ເຄື່ອງຕີໄຂ່
burashi

ກະຊອນ
kichujio

ເຄື່ອງຊ້ອນ
chujio

ເຫຼັກຊູດ
mbuzi

ຄົກ
chokaa

ບາບີຄິວ
barbeque

ແຄມໄຟທາງອອນ
moto wazi

ຂ້ອງຄົວ - jikoni

ຊຽງ
ubao wa majaribio

ໄມ້ບວດແປ້ງ
kijiti cha kusukuma unga

ຜູ້ກາໄຂດອນແກ້ວ
kizibuo

ກະປ໋ອງ
kopo

ເຄື່ອງເປີດກະປ໋ອງ
kifungua kopo

ຖົງມືຈັບຂອງຮ້ອນ
kishikio cha chungu

ອ່າງລ້າງຈານ
karo

ແປງ
brashi

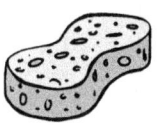
ຟອງນ້ຳ
sifongo

ເຄື່ອງປັ່ນ
kisagaji matunda

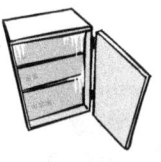
ຕູ້ແຊ່ແຂງ
friza

ຂວດນົມ
chupa ya mtoto

ກ໊ອກນ້ຳ
bomba

ຫ້ອງຄົວ - jikoni

ຫ້ອງນ້ຳ
bafu

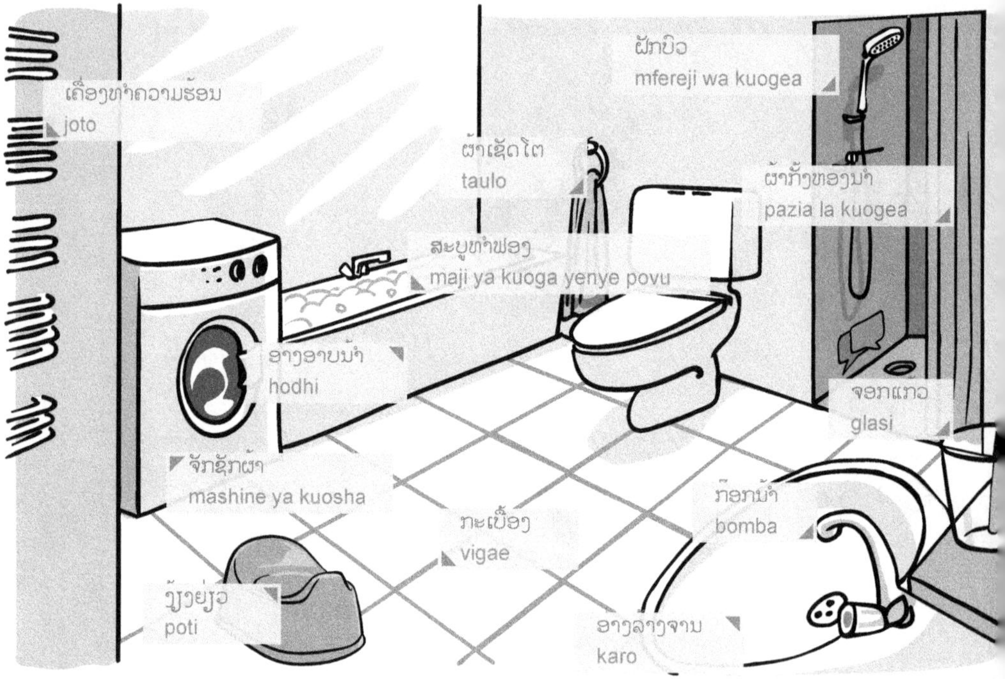

ຜັກບົວ
mfereji wa kuogea

ເຄື່ອງທຳຄວາມຮ້ອນ
joto

ຜ້າເຊັດໂຕ
taulo

ຜ້າກັ້ງຫ້ອງນ້ຳ
pazia la kuogea

ສະບູທຳຟອງ
maji ya kuoga yenye povu

ອ່າງອາບນ້ຳ
hodhi

ຈອກແກ້ວ
glasi

ຈັກຊັກຜ້າ
mashine ya kuosha

ກະເບື້ອງ
vigae

ກ໊ອກນ້ຳ
bomba

ຫຍ້ວຢ່ວ
poti

ອ່າງລ້າງຈານ
karo

ຫ້ອງສ້ວມ
choo

ໂຖສ້ວມແບບນັ່ງຢອງ
choo ch kuchuchuma

ໂຖຢ່ຽວຂອງຜູ້ຍິງ
beseni la mviringo

ໂຖຢ່ຽວຂອງຜູ້ຊາຍ
pissoir

ກະດາດຊຳລະທີ່ໃຊ້ໃນຫ້ອງນ້ຳ
shashi

ແປງຂັດຫ້ອງນ້ຳ
brashi ya choo

ແປງສີຟັນ
mswaki

ຢາສີຟັນ
dawa ya meno

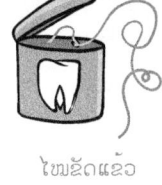
ໄໝຂັດແຂ້ວ
floss meno

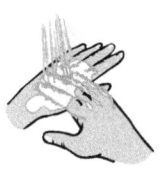
ລ້າງ
safisha

ຝັກບົວອາບນ້ຳທີ່ໃຊ້ມືຈັບ
kuoga mkono

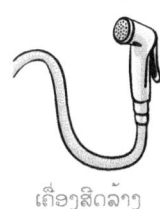
ເຄື່ອງສີດລ້າງ
msukumo wa maji

ອ່າງລ້າງໜ້າ
bonde

ແປງຖູຫົວ
mpako wa pili

ສະບູ
sabuni

ເຈລອາບນ້ຳ
jeli ya kuogea

ແຊມພູ
shampuu

ຜ້າຖູໂຕນ້ອຍ
flana

ທີ່ລະບາຍນ້ຳເສຍ
toa maji

ຄຣີມ
krimu

ຢາດັບກີ່ນ
marashi

ຫ້ອງນ້ຳ - bafu

ແວ່ນແຍງ
kioo

ແວ່ນມີຖື
kioo mkono

ມີດແຖໜວດ
kinyozi

ໂຟມແຖໜວດ
povu la kunyoa

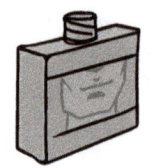
ໂລຊັ່ນບຳລຸງຜິວຫຼັງແຖໜວດ
baada ya kunyolewa

ຫວີ
kichana

ແປງ
brashi

ຈັກເປົ່າຜົມ
kikausha nywele

ສະເປຣີດຜົມ
marashi ya nyewele

ຊຸດເຄື່ອງສຳອາງ
vipodozi

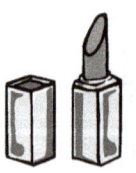
ລິບສະຕິກທາຫາສິບ
kidomwa

ນ້ຳຢາທາເລັບ
msumari varnish

ສຳລີ
pamba

ມີດຕັດເລັບ
mkasi wa kucha

ນ້ຳຫອມ
manukato

ກະເປົາອາບນ້ຳ
mkoba wa kuosha

ຕັ່ງສາມຂາ
kinyesi

ເຄື່ອງຊັ່ງນ້ຳໜັກ
mizani

ເສື້ອຄຸມອາບນ້ຳ
nguo ya kuoga

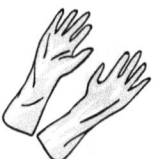
ຖົງມືຢາງ
glavu za mpira

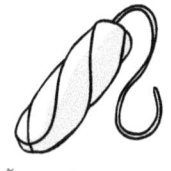
ຜ້າອະນາໄມແບບສອດ
kisodo

ຜ້າອະນາໄມ
sodo

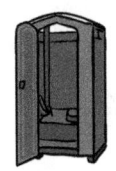
ຫ້ອງນ້ຳເຄມີ
kemikali choo

ຫ້ອງນ້ຳ - bafu

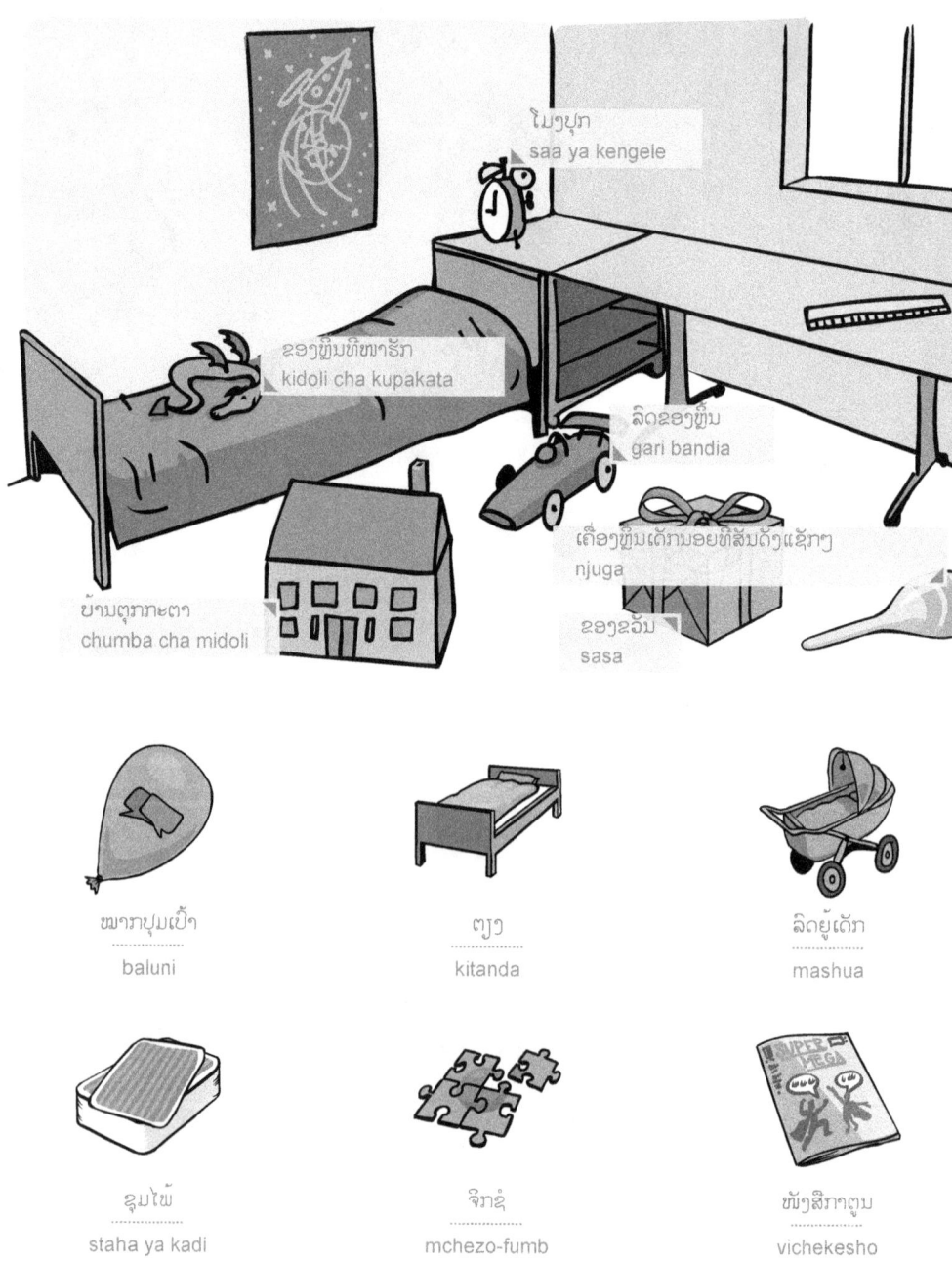

ຕິດຕໍ່ເລໂກ້
matofali lego

ບລ໋ອກຂອງຫຼິ້ນ
vitalu mwigo

ຮູບປັ້ນທີ່ເຄື່ອນໄຫວໄດ້
hatua takwimu

ເສື້ອຜ້າເດັກເກີດໃໝ່
suti ya kulalia

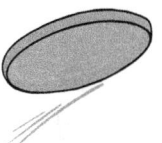
ຈານບິນ
frisbee

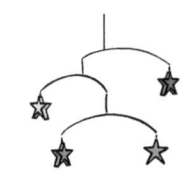
ສິ່ງທີ່ແກວ່ງໄປມາແຂວນຢູ່ເທິງຫົວ ຕຽງເດັກນ້ອຍ
simu

ເກມກະດານ
ubao wa michezo

ໝາກກະລ໋ອກ
kete

ລົດລົດໄຟຈຳລອງ
garimoshi mwigo

ຮູບທຸ່ມ
mwigo

ງານລ້ຽງ
chama

ໜັງສືພາບ
picha kitabu

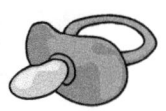
ໝາກບານ
mpira

ຕຸກກະຕາ
kikaragosi

ຫຼິ້ນ
kucheza

ຫ້ອງພັກສຳລັບເດັກນ້ອຍ - chumba ya mtoto

ຂຸມດິນຊາຍສຳລັບເດັກນ້ອຍຫຼິ້ນ
sandpit

ຊິງຊ້າ
swing

ຂອງຫຼິ້ນ
vitu bandia

ເຄື່ອງຫຼິ້ນວິດີໂອເກມ
kiweko cha video ya mchezo

ລົດຖີບສາມລໍ້
baiskeli ya magurudumu matatu

ຕຸກກະຕາຫມີ
mwanasesere

ຕູ້ເສື້ອຜ້າ
kabati

ເສື້ອຜ້າ
nguo

ລົງເທົ້າ
soksi

ຖົງເທົ້າຍາວຜູ້ຍິງ
stokingi

ໄສ້ຢືດແບບເບື້ອ
kibano

44   ເສື້ອຜ້າ - nguo

ເສື້ອຮັດທຸມ
mwili

ໂສ້ງຂາຍາວ
suruali

ໂສ້ງຢືນ
dangirizi

ກະໂປ່ງ
sketi

ເສື້ອຜູ້ຍິງ
blauzi

ເສື້ອເຊີດ
shati

ເສື້ອກັນໜາວ
sweta

ເສື້ອຄຸມມີໜວກ
sweta

ເສື້ອໃຫຍ່ທີ່ຕິດກາງໂຕງຮຽນພິເສດທາງທີມີລາ
bleza

ເສື້ອແຈັກເກັດ
jaketi

ເສື້ອນອກ
koti

ເສື້ອກັນຝົນ
koti la mvua

ເຄື່ອງແຕ່ງກາຍ
maleba

ກະໂປ່ງ
gauni

ຊຸດແຕ່ງງານ
mavazi ya harusi

ເສື້ອສູດ
suti

ຊຸດລາຕີ
vazi la usiku

ຊຸດນອນ
pajama

ຊຸດຊາຕິ
sari

ຜ້າຄຸມຫົວ
skafu

ຜ້າພັນຫົວ
kilemba

ເສື້ອບຸຣຸເຄາະ
burka

ເສື້ອຄຸມຄາຟຕານ
kaftan

ເສື້ອຄຸມອາບາຢາ
abaya

ຊຸດລອຍນ້ຳ
vazi la kuogelea

ໂສ້ງໃສ່ລອຍນ້ຳ
vazi la kiume la kuogelea

ໂສ້ງຂາສັ້ນ
kaptura

ຊຸດວອມ
teitei

ຜ້າກັນເປື້ອນ
apron

ຖົງມື
glavu

ເສື້ອຜ້າ - nguo

ກະດຸມ
kifungo

ແວ່ນຕາ
glasi

ປອກແຂນ
bangili

ສ້ອຍຄຳ
mkufu

ແຫວນ
pete

ຕຸ້ມຫູ
herini

ຫມວກແກັບ
kofia

ກັງແຂນເສື້ອນອກ
kiango cha koti

ຫມວກ
kofia

ກາລະຫວັດ
tai

ຊິບ
zipu

ຫມວກກັນກະທົບ
kofia

ສາຍໂຍງໂສ້ງ
kanda za suruali

ຊຸດນັກຮຽນ
sare za shule

ເຄື່ອງແບບ
sare

ເສື້ອຜ້າ - nguo

ຜ້າກັນເປື້ອນເດັກ
bibu

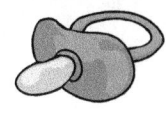
ຈຸບຫຸ່ມ
mwigo

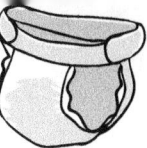
ຜ້າອ້ອມ
nepi

ຫ້ອງການ
ofisi

- ເຈ້ຍ / karatasi
- ຕູ້ເອກະສານ / kabati la kuweka faili
- ເຄື່ອງພິມ / kichapishaji
- ເຊັບເວີ / seva
- ໂຕະເຮັດວຽກ / dawati
- ຈໍພາບ / kiwambo
- ແຟ້ມເອກະສານ / folda
- ເມົ້າ / kipanya
- ແປ້ນພິມ / kibodi
- ຖັງເສດເຈ້ຍ / cha kuweka karatasi chafu
- ຄອມພິວເຕີ / kompyuta
- ຕັ່ງນັ່ງ / kiti

ຈອກຫົມໃສ່ກາເຟ
kmobe la kahawa

ເຄື່ອງຄິດເລກ
kikokotoo

ອິນເຕີເນັດ
biashara

ຄອມພິວເຕີແລັບທ໋ອບ
mbali

ຈົດໝາຍ
barua

ຂໍ້ຄວາມ
ujumbe

ໂທລະສັບມິຕິ
rununu

ເຄືອຂ່າຍ
intaneti

ເຄື່ອງຖ່າຍເອກະສານ
fotokopia

ຊອບແວ
programu

ໂທລະສັບ
simu

ປັກໄຟ
soketi

ເຄື່ອງແຟັກ
kipepesi

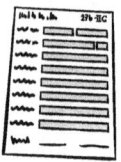
ແບບຟອມ
fomu

ເອກະສານ
hati

ຫ້ອງການ - ofisi

ຄວາມປະຢັດ
uchumi

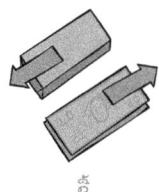
ຊື້
kununua

ຈ່າຍ
kulipa

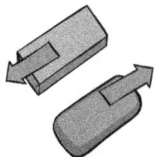
ຄ້າຂາຍ
biashara

ເງິນ
fedha

ເງິນດອນລາ
dola

ເງິນຢູໂຣ
yuro

ເງິນເຢນ
yeni

ເງິນຣູເບີລ
rouble

ເງິນຟຣັງສະວິດ
faranga ya Uswisi

ເງິນຢວນເຮັນມິນບີ້
renminbi yuan

ເງິນຣູບີ
rupia

ເຄື່ອງສາລັບກົດເງິນສົດຈາກທະນາຄານ
eneo la kulipia

ບ່ອນແລກປ່ຽນເງິນຕາ
ofisi ya ubadilishanaji

ທອງຄຳ
dhahabu

ເງິນ
fedha

ນ້ຳມັນ
mafuta

ພະລັງງານ
nishati

ລາຄາ
bei

ສັນຍາ
mkataba

ພາສີ
kodi

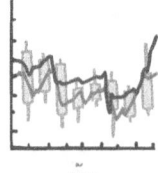

ຫຸ້ນ
bidhaa

ເຮັດວຽກ
kazi

ລູກຈ້າງ
mfanyakazi

ນາຍຈ້າງ
mwajiri

ໂຮງງານ
kiwanda

ຮ້ານຄ້າ
duka

ຄວາມປະຢັດ - uchumi

ອາຊີບ
kazi

ເຈົ້າໜ້າທີ່ຕຳຫຼວດ / afisa wa polisi

ພະນັກງານດັບເພີງ / mzimamoto

ໝໍຖົງ / mpishi

ທ່ານໝໍ / daktari

ນັກບິນ / rubani

ຊາວສວນ
mtunza bustani

ຊ່າງໄມ້
seremala

ຊ່າງຫຍິບຜ້າທີ່ເປັນຜູ້ຍິງ
mshonaji

ຜູ້ພິພາກສາ
hakimu

ນັກເຄມີ
mwanakemia

ນັກສະແດງຊາຍ
muigizaji

ອາຊີບ - kazi

ຄົນຂັບລົດເມປະຈຳທາງ
dereva wa basi

ຄົນຂັບແທັກຊີ
dereva wa teksi

ຊາວປະມົງ
mvuvi

ແມ່ບ້ານທຳຄວາມສະອາດ
mwanamke wa kusafisha

ຊ່າງມຸງຫຼັງຄາ
mwezekaji

ຄົນເສີບຂາຍ
mhudumu

ນາຍພານ
mwindaji

ຊ່າງທາສີ
mchoraji

ຄົນເຮັດເຂົ້າໜົມປັງ
mwokaji

ຊ່າງໄຟຟ້າ
umeme

ຊ່າງກໍ່ສ້າງ
mjenzi

ວິສະວິກອນ
mhandisi

ຄົນຂາຍຊີ້ນ
mchinjaji

ຊ່າງນ້ຳປະປາ
fundi bomba

ບູລຸດໄປສະນີ
mwanaposta

ອາຊີບ - kazi

ທະຫານ
mwanajeshi

ສະຖາປະນິກ
msanifu majengo

ພະນັກງານເກັບເງິນ
keshia

ຄົນຂາຍດອກໄມ້
muuza maua

ຊ່າງແຕ່ງຜົມ
msusi

ພະນັກງານກວດປີ້ລົດ
kondakta

ຊ່າງສ້ອມລົດຍົນ
mekanika

ຜູ້ບັງຄັບການ
nahodha

ຫັນຕະແພດ
daktari wa meno

ນັກວິທະຍາສາດ
mwanasayansi

ພະໃບສາສະໜາຍິວ
rabbi

ຜູ້ນຳຊາວມຸສລິມ
imamu

ຄູບາ
mtawa

ນັກບວດ
kasisi

ອາຊີບ - kazi

zana

ຄ້ອນຕີ / nyundo

ຄີມ / koleo

ໄຂຄວງ / bisibisi

ຄີມປາກຕາຍ / spana

ໄຟສາຍ / kurunzi

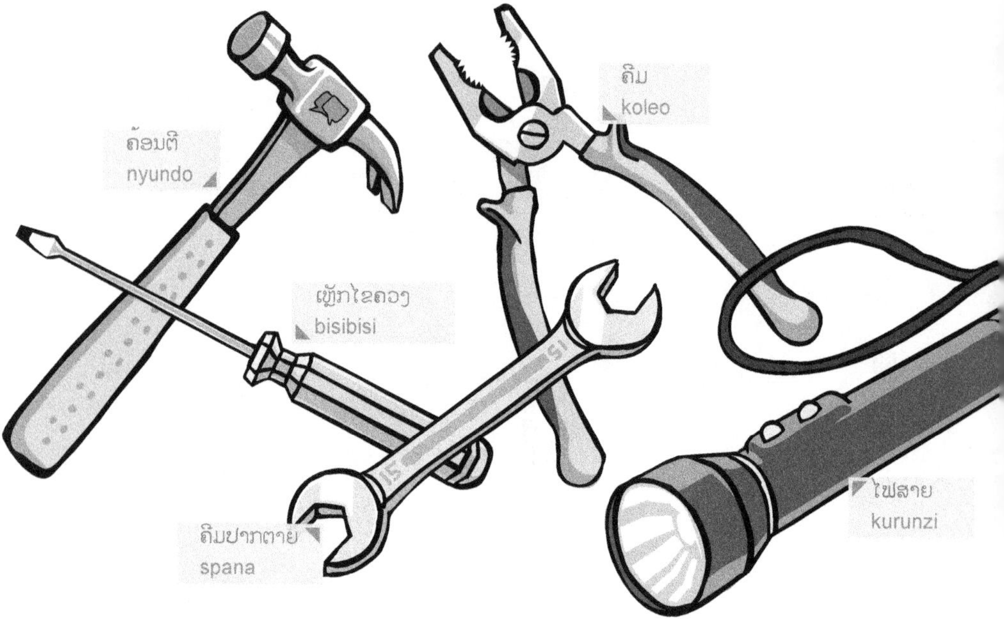

ເຄື່ອງຂຸດ
mchimbaji

ກັບເຄື່ອງມື
sanduku la vifaa

ຂັ້ນໄດ
ngazi

ເລື່ອຍ
msumeno

ຕະປູ
misumari

ໄຂຂີ
keekee

ເຄື່ອງມື - zana

ສ້ອມແປງ
kukarabati

ຊ້ວນ
sepetu

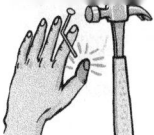
ຕາຍທ່າ!
Lo!

ຂອງຂ້ວານຂີ້ເຫຍື້ອ
kishikio cha uchafu

ຖັງສີ
chungu cha rangi

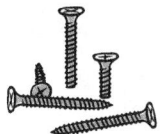
ຕະປູກຽວ
skurubu

ເຄື່ອງດົນຕີ
ala za muziki

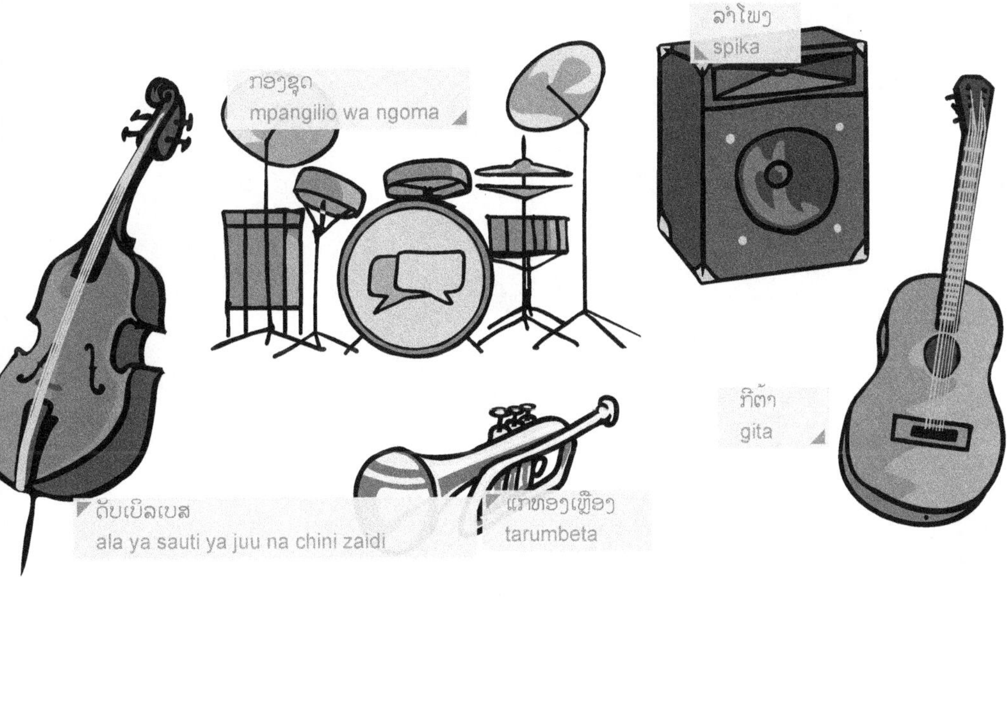

ລຳໂພງ
spika

ກອງຊຸດ
mpangilio wa ngoma

ກິຕ້າ
gita

ດັບເບິ້ລເບສ
ala ya sauti ya juu na chini zaidi

ແກທອງເຫຼືອງ
tarumbeta

ເປຍໂນ
piano

ໄວໂອລິນ
fidla

ເບສ
ubeji

ກອງທິມປານີ
timpani

ກອງຊຸດ
ngoma

ຄີບອດ
kibodi

ແຊັກໂຊໂຟນ
saksafoni

ຂຸ່ຍ
filimbi

ໄມໂຄຣໂຟນ
maikrofoni

ເຄື່ອງດົນຕີ - ala za muziki

bustani ya wanyama

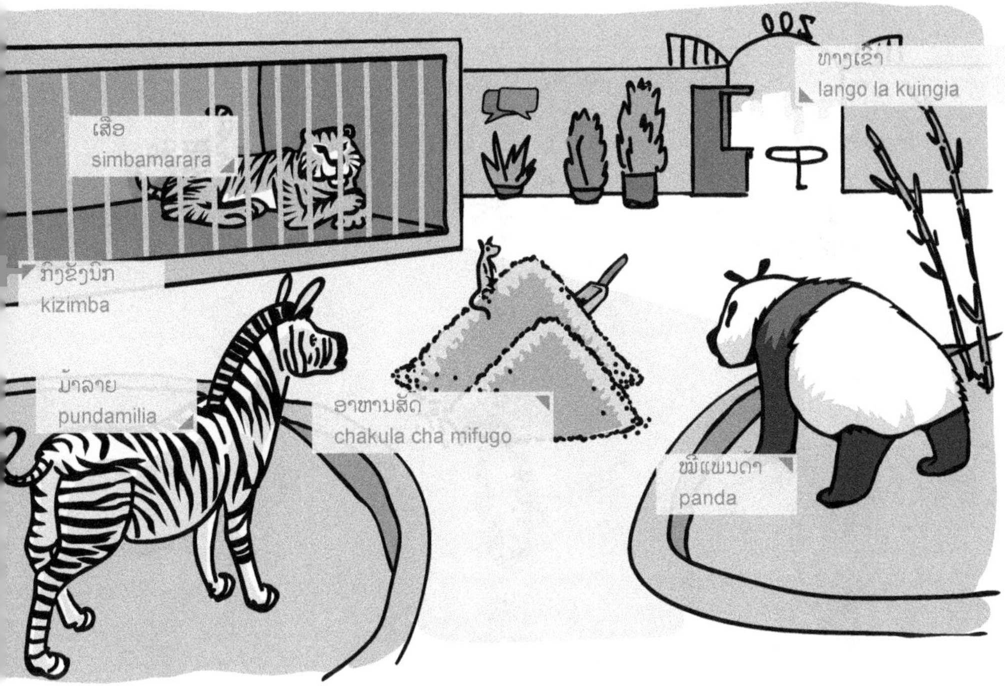
ທາງເຂົ້າ
lango la kuingia
ເສືອ
simbamarara
ກົງຂັງນົກ
kizimba
ມ້າລາຍ
pundamilia
ອາຫານສັດ
chakula cha mifugo
ໝີແພນດາ
panda

ສັດ

wanyama

ຊ້າງ

tembo

ກັງກາຣູ

kangaroo

ແຮດ

kifaru

ລິງໂທນໃຫຍ່

sokwe

ໝີ

dubu

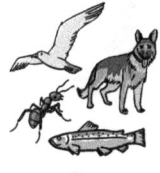

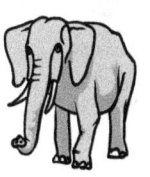

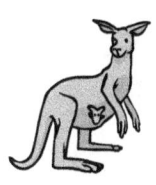

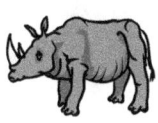

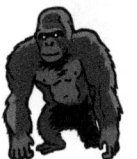

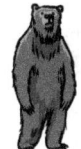

ອູດ
ngamia

ນົກກະຈອກເທດ
mbuni

ສິງໂຕ
simba

ລິງ
tumbili

ນົກຟລາມິງໂກ
heroe

ນົກແກ້ວ
kasuku

ໝີຂົ້ວໂລກ
dubu

ນົກເພັນກວິນ
penguini

ປາສະຫຼາມ
papa

ນົກຍູງ
tausi

ງູ
nyoka

ແຂ້
mamba

ຜູ້ເບິ່ງແຍງສວນສັດ
mtunza wanyama

ແມວນ້ຳ
muhuri

ເສືອຈາກົວ
chui wa Marekani

ສວນສັດ - bustani ya wanyama

ມ້າພັນນ້ອຍ
mwanafarasi

ເສືອດາວ
chui

ຮິບໂປ
kiboko

ໂຕຈິຣາຟ
twiga

ຫງວ
tai

ຫມູປ່າຕົວຜູ້
boar

ປາ
samaki

ເຕົ່າ
kobe

ຊ້າງນ້ຳ
walrus

ຫມາຈອກ
bweha

ກວາງນ້ອຍ
paa

ສວນສັດ - bustani ya wanyama

ມີ
kuwa

ເຮັດ
kufanya

ເປັນ
kuwa

ຢືນ
kusimama

ແລ່ນ
kukimbia

ດຶງ
kuvuta

ໂຍນ
kutupa

ລົ້ມ
kuanguka

ນອນຢຸດ
hadaa

ລຳຖ້າ
kusubiri

ຖື
kubeba

ນັ່ງ
kukaa

ແຕ່ງຕົວ
vaa nguo

ນອນຫຼັບ
usingizi

ຕື່ນນອນ
kuamka

ກິດຈະກຳ - shughuli

ເບິ່ງ
kuangalia

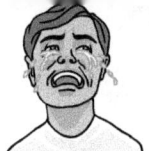
ຮ້ອງໄຫ້
lia

ລູບ
kiharusi

ຫວີຜົມ
chana nywele

ລົມ
ongea

ເຂົ້າໃຈ
kuelewa

ຖາມ
kuuliza

ຟັງ
kusikiliza

ດື່ມ
kunywa

ກິນ
kula

ຈັດໃຫ້ເປັນລະບຽບ
nadhifisha

ຮັກ
upendo

ຄົວກິນ
mpishi

ຮັບລົດ
gari

ບິນ
kuruka

ກິດຈະກຳ - shughuli

ແລ່ນເຮືອ
meli

ຄິດໄລ່
kokotoa

ອ່ານ
kusoma

ຮຽນຮູ້
kujifunza

ເຮັດວຽກ
kazi

ແຕ່ງງານ
kuoa

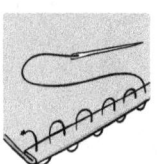
ຫຍິບ
kushona

ແປງຟັນ
piga mswaki

ຂ້າ
kuua

ສູບຢາ
moshi

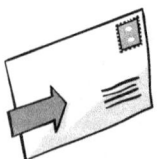
ສົ່ງ
kutuma

ກິດຈະກຳ - shughuli

ຄອບຄົວ
familia

ແມ່ເຖົ້າ / bibi
ພໍ່ເຖົ້າ / babu
ພໍ່ / baba
ແມ່ / mama
ລູກສາວ / binti
ລູກຊາຍ / bin
ດັກເກີດໃໝ່ / mtoto

ແຂກ
mgeni

ປ້າ
shangazi

ລຸງ
mjomba

ອ້າຍນ້ອງ
kaka

ເອື້ອຍນ້ອງ
dada

ຮ່າງກາຍ
mwili

ໜ້າຜາກ — paji la uso
ຕາ — jicho
ໃບໜ້າ — uso
ໜ້າເອິກ — titi
ມື້ວມື — kidole
ຄາງ — kidevu
ມື — mkono
ແຂນ — mkono
ບ່າໄຫຼ່ — bega
ຂາ — mguu

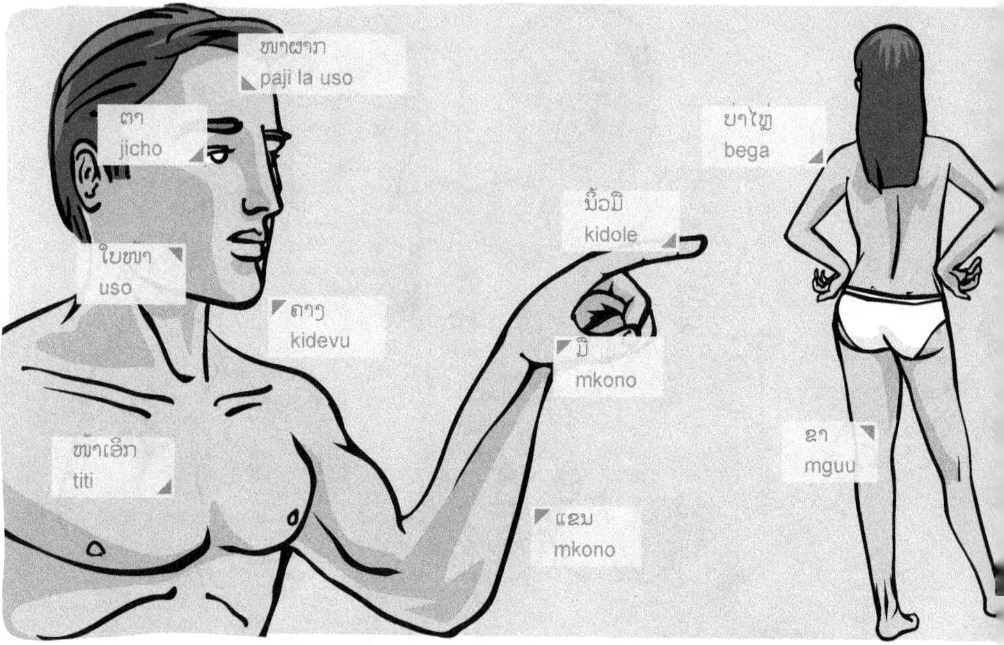

ເດັກເກີດໃໝ່
mtoto

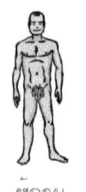

ຜູ້ຊາຍ
mwanamume

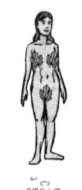

ຜູ້ຍິງ
mwanamke

ເດັກຍິງ
msichana

ເດັກຊາຍ
mvulana

ຫົວ
kichwa

ຮ່າງກາຍ - mwili

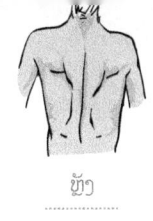
ຫັງ
nyuma

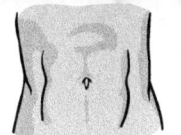
ທ້ອງ
tumbo

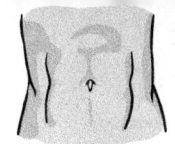
ສະບື
kitovu

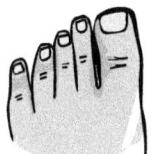
ນິ້ວຕີນ
chano

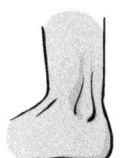
ສົ້ນຕີນ
kisigino

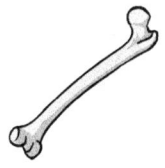
ກະດູກ
mfupa

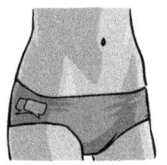
ກະໂພກ
hip

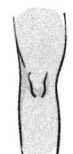
ຫົວເຂົ່າ
goti

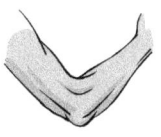
ແຂນສອກ
kiwiko

ດັງ
pua

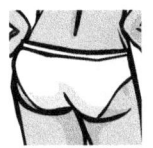
ກົ້ນ
chini

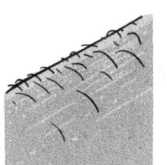
ຜິວຫັງ
ngozi

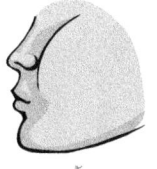
ແກ້ມ
shavu

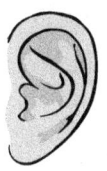
ຫູ
sikio

ຮີມສົບ
Lippe

ຮ່າງກາຍ - mwili

ປາກ
kinywa

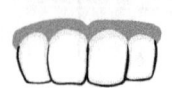

ແຂ້ວ
jino

ລິ້ນ
ulimi

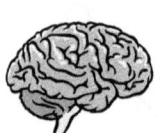

ສະໝອງ
ubongo

ຫົວໃຈ
moyo

ກ້າມເນື້ອ
misuli

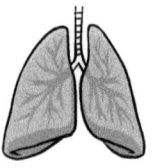

ປອດ
pafu

ຕັບ
ini

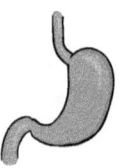

ກະເພາະ
tumbo

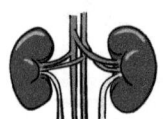

ໄຕ
figo

ເພດສຳພັນ
jinsia

ຖົງຢາງອະນາໄມ
kondomu

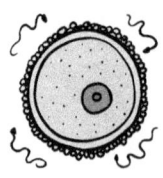

ເຊລສືບພັນ
ovari

ນ້ຳອະສຸຈິ
shahawa

ການຖືພາ
mimba

ຮ່າງກາຍ - mwili

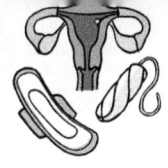 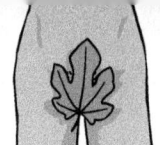 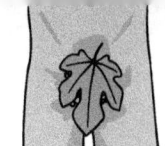

ປະຈຳເດືອນ	ຊ່ອງຄອດ	ອະໄວຍະວະເພດຊາຍ
hedhi	uke	uume

  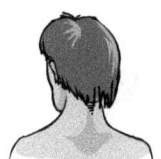

ຄິ້ວ	ເສັ້ນຜົມ	ຄຳ
unyusi	nywele	shingo

ຮ່າງກາຍ - mwili

ໂຮງໝໍ
hospitali

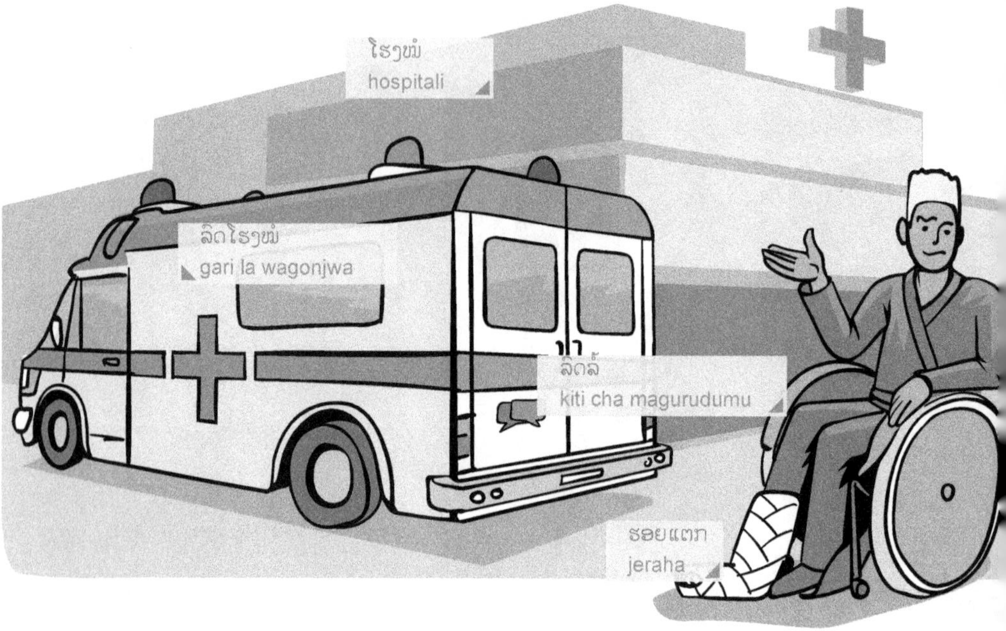

ໂຮງໝໍ / hospitali

ລົດໂຮງໝໍ / gari la wagonjwa

ລົດລໍ້ / kiti cha magurudumu

ຮອຍແຕກ / jeraha

ທ່ານໝໍ
daktari

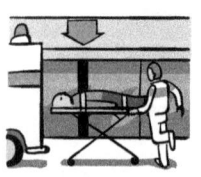

ຫ້ອງສຸກເສີນ
chumba cha dharura

ພະຍາບານ
muuguzi

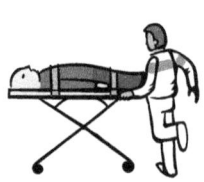

ສຸກເສີນ
dharura

ໝົດສະຕິ
fahamu

ອາການເຈັບປວດ
maumivu

72　　ໂຮງໝໍ - hospitali

ການບາດເຈັບ
jeraha

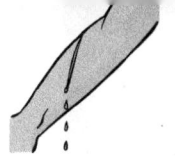
ເລືອດໄຫຼ
kutokwa na damu

ຫົວໃຈວາຍ
mshtuko wa moyo

ໂຣກຫຼອດເລືອດໃນສະໝອງ
kiharusi

ອາການແພ້
mzio

ໄອ
kikohozi

ໄຂ້
homa

ໄວ້ຫວັດ
mafua

ຖອກທ້ອງ
kuharisha

ເຈັບຫົວ
maumivu ya kichwa

ໂຣກມະເລງ
kansa

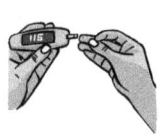
ພະຍາດເບົາຫວານ
ugonjwa wa kisukari

ໝໍຜ່າຕັດ
daktari mpasuaji

ມີດຜ່າຕັດ
kisu kidogo cha kupasulia

ການຜ່າຕັດ
operesheni

ໂຮງໝໍ - hospitali

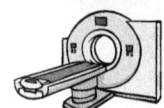 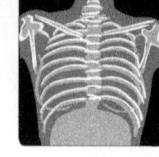 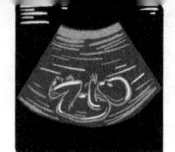

ເຄື່ອງເອັກສເຣເຣຄອມພິວເຕີ
picha changanufu ya mwili

ເອັກຊ໌-ເຣ
Eksrei

ອູລຕຣາຊາວ (ultrasound)
mawimbi sauti

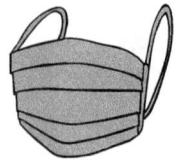  

ໜ້າກາກອະນາໄມ
barakoa ya uso

ພະຍາດ
ugonjwa

ຫ້ອງລໍຖ້າ
chumba cha kusubiri

ໄມ້ຄ້ຳຂີ້ແຮ້
mkongojo

ຜ້າຢາງຕິດບາດ
plasta

ຜ້າພັນແຜ
bendeji

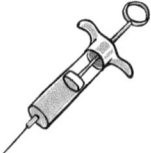 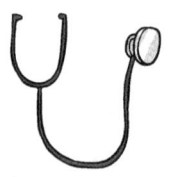 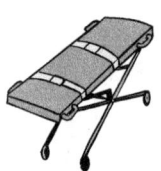

ສັກຢາ
sindano

ເຄື່ອງຟັງປອດຟັງຫົວໃຈ
stetoskopu

ເປຫາມຄົນເຈັບ
machela

ບາຫຼອດວັດໄຂ້
kipimajoto cha kliniki

ການເກີດ
kuzaliwa

ນ້ຳໜັກເກີນ
unene kupita kiasi

74   ໂຮງໝໍ - hospitali

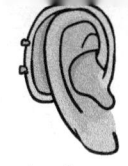
ເຄື່ອງຊ່ວຍຟັງ
kusikia misaada

ນ້ຳຢາຂ້າເຊື້ອ
kipukusi

ການຕິດເຊື້ອ
maambukizi

ເຊື້ອໄວຣັສ
virusi

HIV / ເອດສ໌
VVU / UKIMWI

ຢາ
dawa

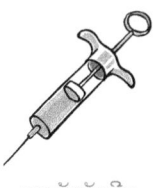
ການສັກວັກຊິນ
chanjo

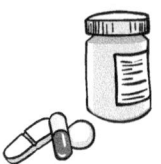
ຢາເມັດ
vidonge

ຢາເມັດ
kidonge

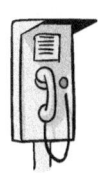
ໂທຂໍກຊຸກເສີນ
simu ya dharura

ເຄື່ອງວັດຄວາມດັນເລືອດ
haemodainamometa

ໄຂ້ / ສຸຂະພາບດີ
mgonjwa / afya

ໂຮງໝໍ - hospitali

ສຸກເສີນ
dharura

ຊ່ວຍດ້ວຍ!
Msaada!

ສັນຍານເຕືອນໄພ
kengele

ການທຳຮ້າຍຮ່າງກາຍ
pigo

ການໂຈມຕີ
shambulizi

ອັນຕະລາຍ
hatari

ທາງອອກສຸກເສີນ
lango la dharura

ໄຟໄໝ້!
Moto!

ບັ້ງດັບເພີງ
kizimamoto

ອຸປະຕິເຫດ
ajali

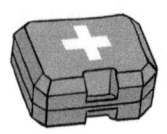
ອຸປະກອນພະຍາບານຂັ້ນຕົ້ນ
vifaa vya huduma ya kwanza

ສັນຍານຂໍຄວາມຊ່ວຍເຫຼືອ
wito wa msaada

ຕຳຫຼວດ
polisi

ໂລກ / dunia

ເອີຣົບ
Ulaya

ອາເມລິກາເໜືອ
Amerika ya Kaskazini

ອາເມລິກາໃຕ້
Amerika ya Kusini

ອາຟຣິກາ
Afrika

ເອເຊຍ
Asia

ອອສເຕຣເລຍ
Australia

ແອດແລນຕິກ
Atlantiki

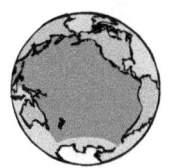
ປາຊີຟິກ
Pasifiki

ມະຫາສະໝຸດອິນເດຍ
Bahari ya Hindi

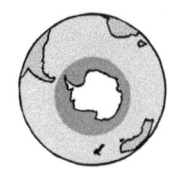
ມະຫາສະໝຸດແອນຕາຣຕິກ
Bahari ya Antaktiki

ມະຫາສະໝຸດອາກຕິກ
Bahari ya Aktiki

ຂົ້ວໂລກເໜືອ
Ncha ya Kaskazini

ໂລກ - dunia

ຂົ້ວໂລກໃຕ້	ແອນຕາດຕິກາ	ໂລກ
Ncha ya Kusini	Antaktika	dunia

  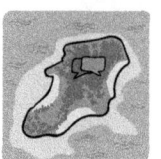

ດິນ	ທະເລ	ເກາະ
nchi	bahari	kisiwa

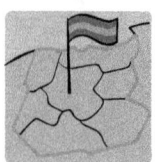 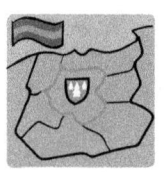

ຊາດ / ປະເທດຊາດ	ລັດ
taifa	hali

ໂລກ - dunia

ໂມງ
saa

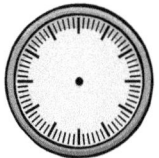
ໜ້າປັດໂມງ
uso wa saa

ເຂັມໂມງ
akrabu ya saa

ເຂັມນາທີ
akrabu ya dakika

ເຂັມວິນາທີ
akrabu ya sekunde

ຈັກໂມງແລ້ວ?
Ni saa ngapi?

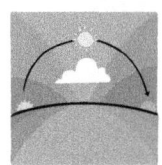
ວັນ
siku

ເວລາ
wakati

ຕອນນີ້
sasa

ໂມງດິຈິຕອລ
saa ya dijitali

ນາທີ
dakika

ຊົ່ວໂມງ
saa

ໂມງ - saa

ອາທິດ
wiki

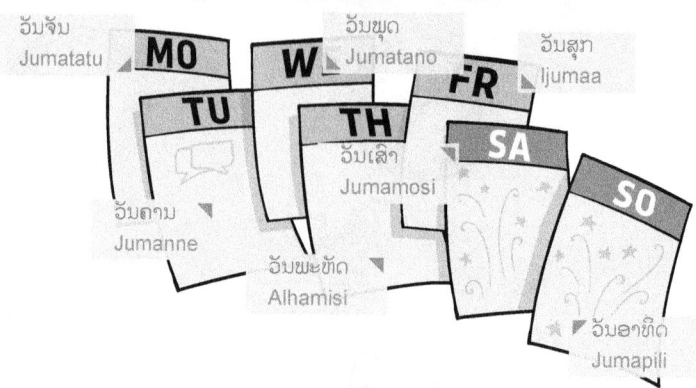

ວັນຈັນ Jumatatu
ວັນອັງຄານ Jumanne
ວັນພຸດ Jumatano
ວັນພະຫັດ Alhamisi
ວັນສຸກ Ijumaa
ວັນເສົາ Jumamosi
ວັນອາທິດ Jumapili

ມື້ວານນີ້
jana

ມື້ນີ້
leo

ມື້ອື່ນ
kesho

ຕອນເຊົ້າ
asubuhi

ຕອນທ່ຽງ
saa sita mchana

ຕອນແລງ
jioni

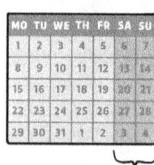

ວັນເຮັດວຽກ
siku za biashara

ທ້າຍສັບປະດາ
mwishoni mwa wiki

mwaka

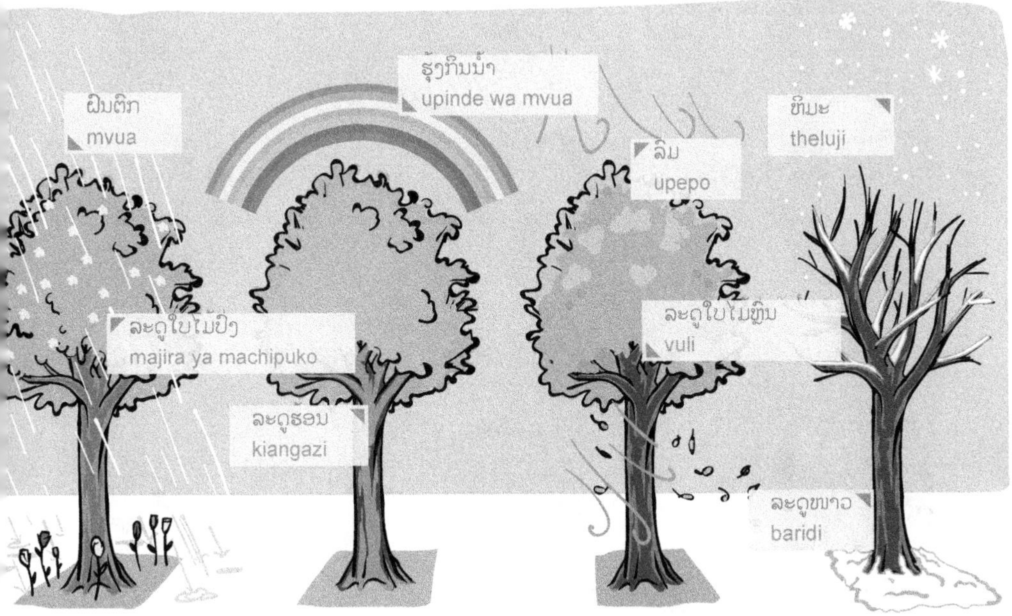

ຝົນຕົກ
mvua
ຮຸ້ງກິນນໍ້າ
upinde wa mvua
ລົມ
upepo
ຫິມະ
theluji
ລະດູໃບໄມ້ປົ່ງ
majira ya machipuko
ລະດູຮ້ອນ
kiangazi
ລະດູໃບໄມ້ຫຼົ່ນ
vuli
ລະດູໜາວ
baridi

4.APRIL 11°
5.APRIL 4°
6.APRIL 13°
7.APRIL 8°
8.APRIL 10°

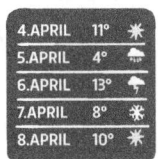

ການພະຍາກອນອາກາດ
....
utabiri wa hali ya hewa

F C
120 40
90 30
60 20
30 10
0 0
-30 -10
-20

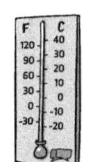

ເຄື່ອງວັດອຸນຫະພູມ
....
kipimajoto

ແສງແດດ
....
mwanga wa jua

ຂີ້ເຝື້ອ
....
wingu

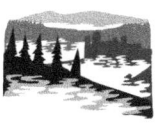

ໝອກ
....
ukungu

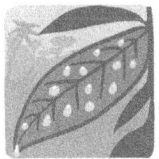

ຄວາມຊຸ່ມ
....
unyevu

ສາຍຟ້າແມບ
umeme

ຟ້າຮ້ອງ
radi

ພະຍຸ
dhoruba

ຫມາກເຫັບ
mvua ya mawe

ລົມມໍລະສຸມ
monsuni

ນ້ຳຖ້ວມ
mafuriko

ນ້ຳກ້ອນ
barafu

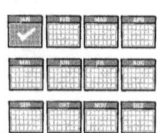
ມັງກອນ
Januari

ກຸມພາ
Februari

ມີນາ
Machi

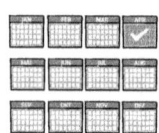
ເມສາ
Aprili

ພຶດສະພາ
Mei

ມິຖຸນາ
Juni

ກໍລະກົດ
Julai

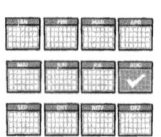
ສິງຫາ
Agosti

ປີ - mwaka

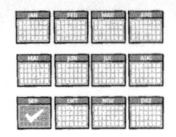
ກັນຍາ
Septemba

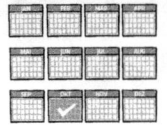
ຕຸລາ
Oktoba

ພະຈິກ
Novemba

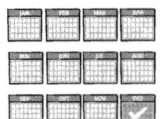
ທັນວາ
Desemba

ຮູບຮ່າງ
maumbo

ວົງມົນ
mduara

ສີ່ຫຼ່ຽມ
mraba

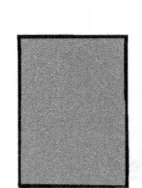
ຮູບສີ່ຫຼ່ຽມມຸມສາກ
mstatili

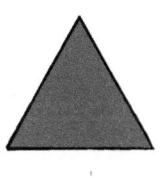
ສາມຫຼ່ຽມ
pembetatu

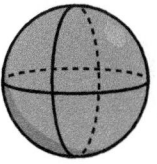
ໜ່ວຍກົມ
nyanja

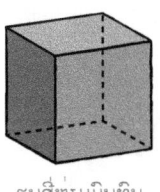
ຮູບສີ່ຫຼ່ຽມມີນທີນ
mchemraba

rangi

ສີຂາວ
nyeupe

ສີເຫຼືອງ
manjano

ສີສົ້ມ
chungwa

ສີບົວ
rangi ya waridi

ສີແດງ
nyekundu

ສີມ່ວງ
hudhurungi

ສີຟ້າ
bluu

ສີຂຽວ
kijani

ສີນ້ຳຕານ
hanja

ສີເທົາ
jivujivu

ສີດຳ
nyeusi

ກົງກັນຂ້າມ
kinyume

ຫຼາຍ / ນ້ອຍ
mengi / kidogo

ໃຈຮ້າຍ / ໃຈເຢັນ
hasira / pole

ງາມ / ຂີ້ຮ້າຍ
nzuri / mbaya

ການເລີ່ມຕົ້ນ / ການສິ້ນສຸດ
mwanzo / mwisho

ໃຫຍ່ / ນ້ອຍ
kubwa / ndogo

ແຈ້ງ / ມືດ
angavu / giza

ນ້ອງຊາຍຜູ້ອ້າຍ / ນ້ອງສາວຜູ້ເອື້ອຍ
kaka / dada

ສະອາດ / ເປື້ອນ
safi / chafu

ສຳເລັດ / ບໍ່ສຳເລັດ
kamilika / tokamilika

ກາງວັນ / ກາງຄືນ
siku / usiku

ຕາຍ / ມີຊີວິດ
kufa / hai

ກວ້າງ / ແຄບ
pana / nyembamba

ກິນໄດ້ / ກິນບໍ່ໄດ້
kulika / kutolika

ຊົ່ວຮ້າຍ / ໃຈດີ
ovu / ema

ໝາຕົ່ມເຕັ້ນ / ໝາເບື່ອ
sisimkwa / udhika

ອ້ວນ / ຈ່ອຍ
nene / nyembamba

ທຳອິດ / ສຸດທ້າຍ
kwanza / mwisho

ເພື່ອນ / ສັດຕູ
rafiki / adui

ເຕັມ / ວ່າງເປົ່າ
jaa / tupu

ແຂງ / ນຸ້ມ
ngumu / laini

ໜັກ / ເບົາ
nzito / nyepesi

ຄວາມຫິວ / ຄວາມຫິວນ້ຳ
njaa / kiu

ໄຂ້ / ສຸຂະພາບດີ
mgonjwa / afya

ຜິດກົດໝາຍ / ຖືກກົດໝາຍ
haramu / kisheria

ສະຫຼາດ / ໂງ່
akili / kijinga

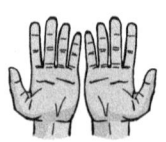

ຊ້າຍ / ຂວາ
kushoto / kulia

ໃກ້ / ໄກ
karibu / mbali

ກິງກັນຂ້າມ - kinyume

ໃໝ່ / ໃຊ້ແລ້ວ
mpya / kutumika

ບໍ່ມີຫຍັງ / ບາງສິ່ງບາງຢ່າງ
kitu / jambo

ແກ່ / ໜຸ່ມ
zee / changa

ເປີດ / ປິດ
waka / zima

ເປີດ / ປິດ
wazi / fungwa

ງຽບ / ດັງ
utulivu / kelele

ຮັ່ງມີ / ຍາກຈົນ
tajiri / masikini

ຖືກ / ຜິດ
sahihi / kosa

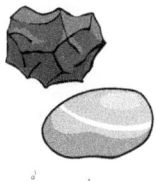

ບໍ່ລຽບ / ລຽບ
ngumu / nyororo

ໂສກເສົ້າ / ດີໃຈ
huzunika / furahia

ສັ້ນ / ຍາວ
fupi / ndefu

ຊ້າ / ໄວ
polepole / haraka

ປຽກ / ແຫ້ງ
nyevu / kavu

ອົບອຸ່ນ / ຫນາວເຢັນ
joto / baridi

ສົງຄາມ / ສັນຕິພາບ
vita / amani

ກົງກັນຂ້າມ - kinyume

ຕົວເລກ / จำนวน
nambari

0 ສູນ — sufuri	**1** ໜຶ່ງ — moja	**2** ສອງ — mbili
3 ສາມ — tatu	**4** ສີ່ — nne	**5** ຫ້າ — tano
6 ຫົກ — sita	**7** ເຈັດ — saba	**8** ແປດ — nane
9 ເກົ້າ — tisa	**10** ສິບ — kumi	**11** ສິບເອັດ — kumi na moja

12
ສິບສອງ
kumi na mbili

13
ສິບສາມ
kumi na tatu

14
ສິບສີ່
kumi na nne

15
ສິບຫ້າ
kumi na tano

16
ສິບຫົກ
kumi na sita

17
ສິບເຈັດ
kumi na saba

18
ສິບແປດ
kumi na nane

19
ສິບເກົ້າ
kumi na tisa

20
ຊາວ
ishirini

100
ໜຶ່ງຮ້ອຍ
mia

1.000
ໜຶ່ງພັນ
elfu

1.000.000
ໜຶ່ງລ້ານ
milioni

ຕົວເລກ / จำนวน - nambari

ພາສາ
lugha

ພາສາອັງກິດ
Kiingereza

ພາສາອັງກິດແບບອາເມລິກັນ
Kiingereza cha Marekani

ພາສາຈິນແມນດາຣິນ
Kimandarini cha Uchina

ພາສາຮິນດີ
Kihindi

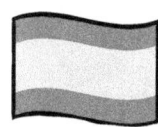

ພາສາສະເປນ
Kihispania

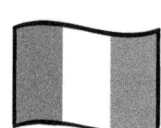

ພາສາຝຣັ່ງເສດ
Kifaransa

ພາສາອາຣັບ
Kiarabu

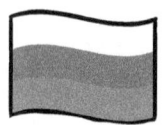

ພາສາຣັດເຊຍ
Kirusi

ພາສາປ້ອກຕຸຍການ
Kireno

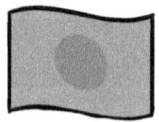

ພາສາແບງກອລ
Kibengali

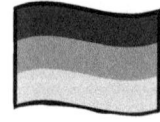

ພາສາເຢຍລະມັນ
Kijerumani

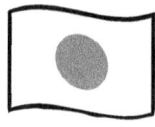

ພາສາຍີ່ປຸ່ນ
Kijapani

ໃຜ / ແມ່ນຫຍັງ / ແນວໃດ
ambao / nini / jinsi

ຂ້ອຍ
mimi

ເຈົ້າ
wewe

ລາວ (ຜູ້ຊາຍ) / ລາວ (ຜູ້ຍິງ) / ມັນ
yeye / yeye / ni

ພວກເຮົາ
sisi

ພວກເຈົ້າ
wewe

ພວກເຂົາ
wao

ໃຜ?
nani?

ແມ່ນຫຍັງ?
nini?

ແນວໃດ?
jinsi gani?

ຢູ່ໃສ?
wapi?

ເມື່ອໃດ?
lini?

ຊື່
jina

ຢູ່ໃສ
wapi

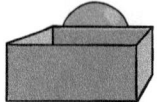

ຢູ່ທາງຫັຼງ
nyuma

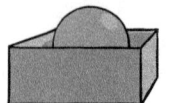

ໃນ
katika

ຢູ່ທາງໜ້າ
mbele ya

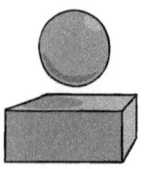

ເໜືອກວ່າ
juu ya

ຢູ່ເທິງ
kwenye

ຢູ່ກ້ອງ
chini ya

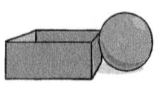

ທາງຂ້າງ
kando

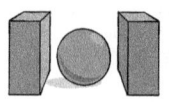

ຢູ່ລະຫວ່າງ
kati

ສະຖານທີ່
mahali

CPSIA information can be obtained
at www.ICGtesting.com
Printed in the USA
LVHW080609301020
669824LV00010B/482